APRENDE A SUPERAR UNA PÉRDIDA

Las claves para trabajar tu duelo

Por Hugues Prion Pansius
Traducido por Laura Soler Pinson

Salud y bienestar 50MINUTOS.es

CÓMO SUPERAR EL DUELO

- **¿Problemática?** La pérdida de un ser querido es una experiencia por la que todos tenemos que pasar algún día y que, irremediablemente, genera un inmenso sufrimiento del que resulta difícil salir. La ausencia de un ser cercano, repentina o no, sacude nuestro día a día y el equilibrio de toda una vida. En ese momento, puede parecernos imposible aprender a vivir con esta ausencia permanente. ¿Cómo respetar esa pena mientras seguimos avanzando para volver a disfrutar de la vida? ¿Cómo sobrevivir a un luto sin hundirnos en la desdicha?
- **¿Meta?** Comprender nuestro duelo y lograr superarlo.
- **¿Preguntas frecuentes?**
    - ¿Es necesario que trabajemos sobre nuestro duelo?
    - ¿Cuánto dura un duelo?
    - ¿Es normal estar siempre llorando?
    - ¿El dolor desaparece antes si lo ignoro?

- <u>Vuelvo a sonreír y tengo nuevos proyectos. ¿Tengo que sentirme culpable?</u>

Nuestra propia muerte, inevitable e implacable, nos da pavor, y esto es algo que, a día de hoy, sigue siendo un tema tabú en nuestra sociedad occidental. El simple hecho de mencionarlo nos incomoda. Así, se plantea la cuestión de qué decir cuando fallece un ser querido, un hecho que muchos viven como un trauma que parece imposible de superar. ¿Cómo sobrevivir a la pena inmensa que produce la pérdida de un padre, de un cónyuge, de un hijo o de un amigo? Inevitablemente, todos hemos vivido, vivimos o viviremos esta experiencia complicada a lo largo de nuestra existencia, y tendremos que pasar por el largo y doloroso proceso de duelo. De la conmoción a la ira, pasando por la negación, la culpabilidad o, incluso, la depresión, las distintas etapas del duelo nos llevan a vivir una multitud de emociones que, efectivamente, son violentas, pero también necesarias para poder aceptar la triste realidad.

> «Tenía 24 años cuando mi madre murió de cáncer. Sufrí una conmoción enorme y tuve la impresión de que caía en un pozo sin fondo.

> Durante mucho tiempo, me sentí desconectado de la realidad; ya no me importaba nada y mi vida ya no tenía sentido. Estaba totalmente anestesiado. En vez de aceptar esa realidad que no podía soportar, la rehuí y me refugié en paraísos artificiales. Empecé a sentirme mejor el día que alguien sensato me dijo que mi madre jamás me había abandonado y que vivía dentro de mí» (Cédric, 45 años).

Descubre en 50 minutos los mecanismos que se ponen en marcha tras un duelo, los aspectos prácticos que están relacionados con este y, también, la importancia del apoyo de nuestro entorno, así como algunos procedimientos personales que podrás llevar a cabo para que el camino hacia la aceptación sea más fácil. Además, aprenderás a distinguir las actitudes positivas que debes adoptar y los tópicos que tendrás que evitar cuando quieras apoyar a una persona allegada durante su duelo o explicar la muerte a un niño.

¿QUÉ ES EL DUELO?

UN DOLOR INTENSO Y UNIVERSAL

El término duelo tiene su raíz etimológica en la palabra latina *dolus*, que significa «dolor» y, por extensión, designa el periodo de aflicción y de tristeza que se produce tras la desaparición de un ser querido. Si hablamos de duelo, significa que obligatoriamente ha existido un apego particular hacia la persona fallecida. ¡De lo contrario, estaríamos de luto todos los días! Además, el psiquiatra y psicoterapeuta Christophe Fauré precisa que no son los lazos de sangre los que determinan la intensidad del duelo, sino más bien el grado de afecto con el difunto. Por otra parte, explica que, aunque esto no se produce con frecuencia, algunos duelos pueden resultar problemáticos si la persona que lleva el luto tiene antecedentes depresivos, por ejemplo, o si mantenía una relación conflictiva con el fallecido, una situación que podría llevarla a desarrollar un profundo sentimiento de culpabilidad por el hecho de haber deseado la muerte del difunto inconscientemente.

FREUD Y EL TRABAJO DEL DUELO

En un artículo titulado «Duelo y melancolía» publicado en 1915, Sigmund Freud es el primero en introducir la noción de trabajo del duelo. En su opinión, esta expresión es una consecuencia de la pérdida de un ser querido, pero también de un objeto al que nos apegamos. Así, este trabajo del duelo puede definirse como un largo proceso intrapsíquico, que deriva de la pérdida de un objeto de apego y mediante el que el sujeto logra poco a poco desprenderse de este.

Aunque el duelo afecta a toda la raza humana, sin distinguir género, edad o grupo étnico, cada cultura cuenta con sus propios rituales y su forma particular de enfrentarse a la pérdida de un ser querido. Así, en la cultura africana y occidental, está muy aceptada la expresión del dolor e, incluso, se anima a ello. Sin embargo, entre los asiáticos y los musulmanes no se ve con tan buenos ojos, ya que, para los primeros, las emociones tienen que mantenerse en el ámbito de lo privado y para los segundos, contener el dolor es una señal de que se acepta la decisión de Dios. Además de los ritos funerarios y de la expresión del dolor, cada religión presenta periodos de luto muy específicos y particularidades funerarias diferentes. Para los budistas, que creen en la reencarnación, el duelo dura 49 días y, tras este lapso, entonan un rezo para ayudar a la reencarnación del difunto. En la religión hindú, la familia del fallecido debe llevar una vida de moderación (nada de carne, alcohol, joyas o maquillaje) durante el periodo de luto, que dura 13 días y, tras esto, el final del duelo está marcado por una ceremonia que se organiza en la casa del difunto. En los musulmanes, el luto dura 40 días, en los que el entorno debe comportarse y vestirse con sobriedad. Después de esta fase, se recitan rezos para ayudar al alma del difunto a que suba al cielo. En la tradición judía, existen 5 momentos de duelo: *aninut*, que se desarrolla desde el fallecimiento hasta el entierro; *avelut*, que se extiende desde los funerales y durante los 7 días siguientes; *shloshim*, que es el mes que sigue al fallecimiento; *shaná*, el año que sigue a la defunción y *iorzait*, el día del primer aniversario de la muerte del difunto.

¿Sabías que...?

En China existen cinco círculos de duelo. El primero está conformado por los miembros de la familia más importantes, es decir, los padres y el cónyuge, y el último lo componen los miembros menos importantes, así como los hijos de la pareja. Para los chinos, la muerte de un hijo constituye una deshonra; así, nunca asisten a su funeral.

TRÁMITES ADMINISTRATIVOS IMPORTANTES

A la pena que te abruma tras la pérdida de un ser querido vienen a sumarse un cierto número de formalidades administrativas y financieras que complican tu día a día y te impiden empezar tu trabajo del duelo. Para algunos, estos trámites les permiten tener la mente ocupada y no pensar en el dolor que sufren, pero para otros, estas obligaciones pueden convertirse en un peso que no pueden asumir. Por lo tanto, no dudes en pedir ayuda a tu entorno si sientes que no tienes fuerzas suficientes para encargarte de estos procedimientos.

A lo largo de nuestra vida, firmamos todo tipo de seguros, tenemos cuentas bancarias, contratamos una mutua, nos empadronamos, pagamos cada mes a proveedores de servicios, etc. Cuando morimos, nuestra familia debe avisar a cada una de estas personas y organismos para cesar los procedimientos y cerrar las cuentas. Si bien algunos trámites pueden iniciarse varias semanas después del fallecimiento, algunos deben llevarse a cabo en seguida.

Presentamos a modo de ayuda las formalidades administrativas que deben efectuarse, por orden de prioridad:

- **obtener un certificado de defunción**. Si el fallecimiento no se produce en un hospital o en una estructura oficial (clínica de convalecencia, cárcel, institución psiquiátrica), deberás llamar a un médico para que certifique legalmente la defunción de tu ser cercano para poder declararlo al ayuntamiento;
- **contactar el servicio de pompas fúnebres**. La empresa se encargará de organizar el funeral del difunto y también se ocupará de declarar la muerte al ayuntamiento, que debe hacerse en las 24 horas que siguen al fallecimiento;

- **avisar a los bancos**. Si el difunto tenía cuentas o un cofre en el banco, tendrás que contactar a la entidad con la mayor brevedad posible para bloquearlos temporalmente. Este cierre conllevará la suspensión de las domiciliaciones y de las órdenes permanentes en curso;
- **avisar al empleador o a los organismos de pago de ayudas**. De esta manera, podrás pedir los importes debidos (último sueldo, pensión, prima de vacaciones, prestación por desempleo, etc.) y evitarás tener que devolver montantes percibidos de forma irregular;
- **rescindir todos los contratos importantes**. Primero, céntrate en los contratos de seguros (de la casa, del coche, médico, contra incendios, etc.) y en los contratos firmados con proveedores de servicios (compañía de aguas, proveedores de energía, internet y telefonía, etc.). Infórmalos del fallecimiento. En función de las modalidades del contrato, este podrá ser interrumpido o modificado;
- **informar al casero o a los inquilinos del difunto**. Si tu persona allegada arrendaba un bien, habrá que informar a sus inquilinos de su fallecimiento y comunicarles el nombre de la persona que, a partir de ese momento, les

cobrará el alquiler. Si era inquilino y no vivía solo, habrá que contactar al casero para fijar cómo afecta al contrato de alquiler:

- **proceder a la declaración de herederos**. Además de comunicar esto, también tendrás que presentar una declaración de ingresos del difunto para el periodo que va desde el 1 de enero hasta la fecha de su muerte. Una vez que hayas completado todos estos trámites, no olvides contactar a un notario para garantizar la herencia y entregar la declaración de herederos a la administración fiscal.

UN CAMINO HACIA LA PAZ EN CINCO ETAPAS

Aunque cada duelo es único y todos reaccionamos de manera diferente frente al sufrimiento que genera la ausencia del otro, parece que el proceso general es relativamente común para todos. Así, en los años 1970, la psiquiatra y psicóloga Elisabeth Kübler-Ross identificó las etapas por las que pasa una persona en duelo. Esta suiza, famosa por sus investigaciones en el ámbito de los cuidados paliativos, diferenció y detalló cinco fases características por las que todos pasamos durante un duelo, y que nos permiten expresar nuestras emociones y aceptar el tormento que representa la muerte. Sin embargo, dado que cada fallecimiento y su impacto en el entorno son únicos e incomparables, estas etapas son flexibles. Así, un individuo no tiene por qué pasar por todas ellas, ni seguirlas en ese orden.

Para acabar, no importa si se trata de un duelo anticipado —sabemos que la muerte de un ser cercano es inminente y podemos ir preparándonos— o no, ya que el trabajo del duelo siempre es necesario, tal y como demuestra el testimonio de Hélène:

> «Sabía que mi padre apenas tenía posibilidades de sobrevivir. Tenía un cáncer de pulmón y los médicos no le habían dado muchas esperanzas. Por eso, traté de prepararme al máximo, pero el día de su muerte fue un impacto enorme. El dolor era extremadamente punzante. Se acabaron de golpe mis visitas al hospital, que me hacían bien porque seguían dándome una mínima esperanza. Entrar en su habitación vacía y verlo en su féretro fue una experiencia terriblemente dolorosa y traumática. Al final, no había servido para nada toda la preparación que había llevado a cabo antes de su muerte. No fue hasta después

> de su defunción cuanto empecé mi trabajo del duelo con la ayuda de mis seres queridos» (Hélène, 38 años).

La conmoción y la negación

Por lo general, cuando se anuncia el fallecimiento de una persona de la que nos sentimos cercanos, esto produce una primera fase de conmoción. Estamos anestesiados, atónitos ante esta nueva realidad que nos cuesta mucho asumir. Es cierto que la muerte es inevitable, pero no podemos evitar rebelarnos contra esta injusticia y preguntarnos: ¿por qué él/ella, por qué ahora? A este momento le sigue una fase de negación, que se erige para la persona en duelo como un mecanismo de defensa contra una realidad que rechaza. En esta etapa, es habitual que la escuchemos repetir constantemente: «No puedo creerlo, es imposible», «Parece un sueño», «Esto no puede ser verdad».

Tras esta fase de negación, con una duración que varía mucho de una persona a otra y que depende de las circunstancias en las que se produce el fallecimiento, se impone por sí solo un hecho objetivo: el difunto no va a volver. Una vez que se acepta esta dura realidad, nos invade una oleada intensa de emociones que, a veces, resulta destructora, como un tsunami.

La ira

La ira, que de vez en cuando es completamente irracional, a menudo viene acompañada por un sentimiento de rebelión. Es una fase fundamental para volver a encontrar la paz. Para la persona que está de luto, se trata de exteriorizar la carga emocional que siente, pero también de encontrar un culpable que, a veces, es evidente. La ira, que se mueve por un sentimiento de injusticia acrecentado por el carácter imprevisible y repentino de la muerte, puede ir dirigida contra uno mismo, contra el difunto, contra una tercera persona o contra un ente sobrenatural:

- contra uno mismo: «Tendría que haberle obligado a buscar ayudar para dejar de beber»;
- contra el difunto: «Si se hubiese cuidado, todavía estaría vivo»;
- contra otra persona: «El médico le diagnosticó el cáncer demasiado tarde»;
- contra un ente imaginario o sobrenatural:

> «¿Por qué Dios deja que se produzca una situación tan horrible?», «¿Por qué se ensaña el destino?».

Cuanto más se ama a la persona fallecida, más fuerte es la ira. No obstante, según Elisabeth Kübler-Ross, cuanto más intensa es, más rápido desaparece; por lo tanto, no conviene que la reprimamos, sino que debemos dejar que se exprese libremente.

La negociación

La negociación es una etapa de transición que permite transigir con el dolor. Estamos frustrados y todavía no hemos aceptado la realidad, por lo que intentamos negociar esta pérdida intentado imaginar distintos contextos que podrían haber evitado el trágico desenlace, por ejemplo. Entonces, aparecen los «y si...» y las preguntas acerca de nuestra propia culpabilidad («Si hubiese hecho esto o lo otro, quizás todavía estaría entre nosotros»). También intentamos imaginar lo que podríamos hacer para que el difunto vuelva a la vida.

> «Dejé a mi novio y, dos meses después, murió

> en un accidente de coche. Es raro, pero durante mucho tiempo me sentí culpable y su muerte ocupaba mis pensamientos de forma obsesiva. Es como si hubiese fallecido por culpa de nuestra separación, ya que había sufrido mucho. Pensaba que, si no lo hubiese dejado, a lo mejor todavía seguiría vivo» (Clothilde, 33 años).

En el caso de que tengamos que enfrentarnos a nuestra propia muerte inminente, la negociación se manifiesta con frases de desesperación y de negociación («Dejadme vivir unas últimas Navidades con mis hijos», «Si tan solo tuviera unos años más por delante», «Prometo cambiar si sobrevivo», «Llevadme a mí en lugar de a mi hijo», etc.), y, en algunos casos, con una vuelta a la espiritualidad («Dios mío, haré todo lo que quieras, pero déjame vivir», «Si hace falta, iré todos los días a la iglesia, pero salva a mi marido», etc.).

Esta fase termina cuando nuestra mente racional nos lleva una vez más de vuelta a la realidad: el difunto no va a regresar.

La depresión

Una vez que aceptamos la realidad de la defunción, se apoderan de nosotros la tristeza, que es más punzante que nunca, y la impresión de que nunca va a terminar ese dolor. Además, empezamos a experimentar las consecuencias de esa pérdida (problemas financieros y administrativos, conflictos familiares, etc.). Llega la depresión, acompañada por un sinfín de síntomas: pérdida de interés por las actividades del día a día, cansancio intenso y constante, disminución del apetito, problemas de concentración, cambios de humor, etc. Es la fase en la que uno se encierra en sí mismo y se aísla, ya que nada parece tener sentido. Cada persona tiene tiempos muy distintos, pero puede extenderse durante varios meses e, incluso, varios años, como le sucedió a Éric. Por lo tanto, es fundamental que cuentes con el apoyo incondicional de tu entorno.

> «Cuando murió mi hermano, mi vida se vio completamente trastocada. Estábamos muy unidos y, de hecho, éramos socios en una pequeña empresa. Tras su fallecimiento, ya no tenía ganas de nada, casi no salía y vendí la empresa. Cuando mis seres cercanos me preguntaban, les ponía como excusa que todo iba bien, que simplemente necesitaba cambiar de vida. Hizo falta que perdiera mucho peso para que empezaran a

> preocuparse de verdad. A continuación, entendí que tenía que seguir hacia adelante. Hablé con mi médico de cabecera, que me dirigió hacia un psiquiatra. Calculo que me costó al menos un año salir de esa depresión. Fue un trabajo largo y complicado, pero, a día de hoy, me siento mucho mejor» (Éric, 51 años).

Esta etapa, que es muy importante en el proceso de duelo, es completamente normal. No obstante, si la depresión continúa y afecta seriamente al equilibrio vital de tu día a día o genera consecuencias considerables (pérdida de empleo, deterioro de la salud física y mental, aislamiento social completo, etc.), quizás sea necesario consultar a un especialista.

La depresión reactiva

Se trata de un trastorno psíquico relativamente frecuente en las personas frágiles o vulnerables tras un acontecimiento traumático o como respuesta a una tensión nerviosa demasiado importante. Es más repentina que los otros tipos de depresión y se produce como reacción a un acontecimiento que la persona no logra superar. El tratamiento recomendado es a base de medicamentos y consiste en la administración de antidepresivos. Aunque su eficacia está probada desde un punto de vista médico, puede tardar varias semanas en manifestarse.

La aceptación

En principio, la fase de aceptación es la última etapa del trabajo del duelo. Por fin aceptamos y entendemos que el difunto se ha ido de forma definitiva. Sin embargo, esto no significa que lo hayamos olvidado o que ya no sintamos tristeza, sino que ahora somos capaces de mencionar al ser querido fallecido sin derrumbarnos y que el dolor, aunque es real, es soportable. La aceptación también marca el inicio de la fase de reconstrucción. Ahora, estamos listos para aprender a vivir con esta ausencia permanente y somos capaces de saborear los pequeños placeres de la vida otra vez.

La confesión del príncipe Guillermo

El príncipe Guillermo de Inglaterra ha hablado varias veces de su duelo tras la pérdida de su madre, la princesa Diana, fallecida el 31 de agosto de 1997 en un accidente de tráfico. En los primeros días que siguieron a este drama, habla de una inmensa conmoción y de un profundo sentimiento de incredulidad, de la sensación de que estas cosas nunca le pasan a uno, antes de añadir que el dolor no se siente hasta mucho después, acompañado por la tristeza de no poder amar al ser cercano fallecido y comunicarse con él. «No poder pronunciar ya la palabra "mamá" puede parecer trivial. Pero para algunas personas, entre las que me encuentro, "mamá" se ha convertido realmente en una mera palabra, un vacío que trae de vuelta recuerdos...»[1] (Fourny 2015).

1. Cita traducida por 50Minutos.es

¿CÓMO SOBREPONERSE A UN DUELO Y EMPEZAR A VIVIR DE NUEVO?

¿HAS SUPERADO TU DUELO?

A veces, unas semanas o unos meses después de haber perdido a un ser querido, tenemos la sensación de que estamos mejor y de que hemos logrado pasar página, hacer nuestro duelo. Sin embargo, esta mejora quizás no sea real y puede ser que todavía te encuentres atascado en una fase de negación o de negociación. Algunos comportamientos en el día a día o factores específicos pueden avisarte de ello y hacer que tomes conciencia de que a lo mejor no has salido completamente de este largo proceso.

Test: ¿Has superado tu duelo?

- Ya no te apetece ver a tus amigos ni a tus personas allegadas, y cualquier encuentro requiere que hagas un esfuerzo sobrehumano.

- Piensas que la vida ya no tiene sentido y no tienes ningún proyecto de futuro.
- Rompes a llorar sin motivo aparente o en cuanto surge el más mínimo problema.
- Todos tus pensamientos van dirigidos hacia la muerte del ser querido, solo piensas en ello.
- Te persiguen y te entristecen los recuerdos con la persona desaparecida.
- Sufres de insomnio y con frecuencia tienes pesadillas.
- Sientes un cansancio constante, a nivel físico y psicológico.
- Te cuesta concentrarte en tu trabajo o en tus tareas diarias.
- Has adelgazado de manera inusual.
- Has perdido toda la libido.

Si te identificas con al menos tres de estas diez afirmaciones, es que todavía no has terminado tu trabajo del duelo. Habla con tu entorno, evalúa en qué fase te encuentras y adopta algunas costumbres en tu día a día que podrán ayudarte a superar tu dolor.

DIEZ CONSEJOS PARA PASAR EL DUELO

Concédete el tiempo necesario. No hay una duración predefinida para el duelo. Cada uno lo vive de una forma particular, según su propia personalidad y de acuerdo con la relación que mantenía con la persona fallecida. No te sientas culpable si superas tu duelo rápidamente, porque esto no quiere decir que no quisieras al difunto o que seas insensible. Por el contrario, no te flageles si después de varios meses parece que no has salido de este proceso. Es obligatorio que te des el tiempo necesario para aceptar esta desaparición y expresar las emociones que se adueñan de ti. Solo cuando te sientas listo y sereno podrás crear un nuevo vínculo con el fallecido y retomar tu vida.

Acepta el dolor y enfréntate a la pérdida. Intentar ignorar la pena sumergiéndose en el trabajo, la negación, el alcohol o los opiáceos no es la solución. Esto solo aletargará momentáneamente tu mente y aplazará el dolor, que te golpeará con mayor intensidad. Acepta el hecho de haber perdido a un ser querido, que eso te duele profundamente, que te sientes perdido y vacío, y que estás devastado. Estas emociones son naturales y sanas, tienes derecho a sentirlas, incluso si la sociedad actual tiende a satanizar cualquier demostración afectiva. Enfréntate a la realidad y piensa: «He perdido a alguien a quien amaba profundamente y me duele, sufro mucho por ello». Al expresar en voz alta esta obviedad y las emociones que provoca en ti, te autorizas a vivir tu duelo sin culpabilidad.

Expresa tus sentimientos. Deja que brote tu sufrimiento, no te contengas. Grita, llora, arroja cosas, golpea cojines, etc., pero sobre todo no interiorices tu dolor. Puedes compartirlo con tus seres cercanos o puedes ponerlo por escrito o dibujarlo. Expresar tus emociones permite que te liberes de ellas más rápidamente y que no acumules tensión negativa en el cuerpo, algo que podría conllevar complicaciones futuras.

Pasa tiempo con tus seres cercanos. Probablemente, el entorno es la ayuda más fundamental en el trabajo del duelo, ya que, en la mayoría de los casos, tus seres cercanos han conocido o han frecuentado al ser fallecido. Por consiguiente, será más fácil que expreses tu pena y la ausencia que sientes, pero también que recuerdes los buenos momentos compartidos o las anécdotas que marcaron la vida del ser amado. Estos intercambios de recuerdos te permitirán evocar su memoria con ternura y serenidad, ya que si estás tan triste, es porque el difunto ha dejado una huella positiva en tu vida. ¿Por qué no te concentras en ello y recuerdas todos esos instantes compartidos, esas risas cómplices, esas bromas, esos abrazos y esas experiencias comunes? Llora su muerte, pero también celebra su vida.

No intentes olvidar al ser amado. Deshacerte de todo lo que te recuerda a la persona fallecida, ropa, fotos, objetos personales, etc., no te ayudará a superar tu duelo. Acepta que formó parte de tu vida, que tuvo un impacto en tu día a día y que es importante para ti. Si niegas su existencia y su muerte para ahorrarte un sufrimiento insoportable, no estarás respetando su memoria. No obstante, es importante que no vayas demasiado lejos en el otro sentido. Convertir la habitación del difunto en un auténtico mausoleo que no se puede tocar te ayudará tan poco como borrar toda huella de su paso por tierra. Apuesta por un punto intermedio. Conserva una caja de recuerdos con fotos, un objeto personal al que estés apegado, una carta, un perfume, y guárdala en un armario.

Cuídate. Durante la fase depresiva del trabajo del duelo, es normal que descuidemos nuestra higiene de vida y que nos abandonemos por completo. Sin embargo, cuidarnos es fundamental para superar el dolor. Come saludablemente, pero date también caprichos, sal a pasear por el bosque o por un parque para acordarte de los pequeños placeres de la vida, practica una actividad deportiva para descargar tus emociones y, en particular, la ira, respeta un horario de sueño adecuado, mira una película de humor o bucólica, según lo que te apetezca, etc.

Ritualiza tu sufrimiento. Para el psiquiatra Christophe Fauré, los ritos de paso en el ser humano, religiosos o no, nacen de «la necesidad de conciliar dolor psicológico y búsqueda existencial cuando uno de los miembros de su comunidad desaparecía»[1] (Fauré 2012). Además de la ceremonia funeraria, que se produce justo

---

1. Cita traducida por 50Minutos.es

después del fallecimiento, las visitas al cementerio, las conmemoraciones, los rezos y demás son rituales que pueden ayudarte a gestionar mejor tu duelo en el día a día. Si sientes la necesidad, acude con frecuencia al cementerio para reflexionar o, incluso, para conversar con el ser querido; si eres creyente, vete a ver a un cura, a un imán o a un rabino para compartir tu pena y entonar algún rezo.

Participa en un grupo de apoyo. Si tu pena es demasiado pesada y no sabes a quién acudir, existen distintas asociaciones o grupos de ayuda mutua que te permiten compartir tu experiencia con otras personas que están en la misma situación. Estos grupos funcionan según el principio de eco y resonancia: cada participante habla de su vivencia, que hará eco en otra persona, y esto creará una especie de complicidad y de comprensión entre los miembros del grupo. En función del tipo de duelo que vivas, algunas asociaciones están más especializadas: duelo por un hijo, después de un suicidio, tras una larga enfermedad, víctima de un asesinato, etc. Además de un apoyo psicológico, estas asociaciones de ayuda también pueden darte consejos jurídicos y administrativos que te facilitarán la gestión de los aspectos prácticos relativos a la defunción.

Consulta con un especialista. Si no te interesan o no te han funcionado los grupos de apoyo o los servicios de ayuda mutua y de escucha y sientes que pierdes el control, no dudes en pedir ayuda a un profesional de la salud. Consulta con tu médico de cabecera, que podrá orientarte hacia un tratamiento médico en caso de depresión aguda o hacia una psicoterapia.

Rinde homenaje al difunto. Cuando disminuya el sufrimiento o, al menos, se vuelva soportable, y el duelo esté llegando a su fin, puede ser oportuno y agradable que rindas un homenaje a la persona fallecida en fechas clave, como por ejemplo su cumpleaños, vuestro aniversario de boda, el día que os conocisteis o, incluso, un acontecimiento señalado. Puede ser una ocasión para reunir a la familia o a los amigos y recordar algunos bonitos momentos vividos con el difunto. Lejos de ser macabro, esta reunión puede ser una fuente de felicidad y un motivo para compartir.

Las lágrimas como fuente de un mayor bienestar

En nuestra sociedad actual, las lágrimas pueden percibirse como una señal de debilidad. Tendemos a contenerlas por vergüenza o por incomodidad. Sin embargo, tienen el poder de liberarnos de nuestro dolor, así que llora. Tarde o temprano, irán desapareciendo y te invadirá un profundo alivio. Según el doctor Alexander Lowen, el hecho de llorar permite evitar la espiral infernal de la angustia y la depresión. Por su parte, la psicóloga Judith Orloff considera que llorar llevaría al cuerpo a liberar endorfinas, la hormona del bienestar, la misma que liberamos cuando hacemos deporte (Lorenzo 2015).

¿CÓMO AYUDO A UNA PERSONA ALLEGADA QUE ESTÁ EN DUELO?

QUÉ BUENAS COSTUMBRES TENGO QUE ADOPTAR

No siempre resulta fácil encontrar las palabras adecuadas para ayudar a una persona que está de luto. Con mucha frecuencia, nos sentimos desamparados ante su sufrimiento. La situación de duelo es tan íntima y emocional que nos resulta difícil comprender exactamente lo que el otro está sintiendo, incluso aunque seamos empáticos. Sin embargo, muy a menudo basta con estar presente y escuchar al otro sin juzgar.

Ofrece tu presencia

Esto parece obvio, aunque, paradójicamente, a menudo pensamos que las personas que sufren quieren estar solas. Tus seres cercanos de luto, que están muy arropados en los primeros días y son presa de la vorágine administrativa que conlleva el fallecimiento y la organización del funeral, necesitan sobre todo que los acompañen y que los apoyen cuando vuelve la calma después de la tormenta y se encuentran ante el vacío que deja el difunto. Por lo general, esto ocurre en las semanas que siguen al entierro. En efecto, en seguida pueden verse aislados y desconcertados frente a un dolor que todavía es punzante. Por lo tanto, es fundamental que estés presente a largo plazo. No te muestres avasallador, propón a esa persona que salga contigo, ve a visitarla o, simplemente, llámala. Lo importante es que sienta que puede contar contigo si lo necesita.

Escucha

> «Hablar de las penas ya es consolarse»[1] (Albert Camus, 1913-1960).

La presencia debe ir acompañada de una calidad de escucha real libre de todo juicio de valor. Deja que tu ser cercano exprese con palabras su sufrimiento en vez de abrumarlo con consejos

1. Cita traducida por 50Minutos.es

tan inútiles como poco delicados, como «Intenta olvidar», «Piensa en otras cosas», etc. También debes saber escuchar los silencios, que son igual de importantes que los tiempos de palabra, y anima a otros miembros de su entorno a hacer lo mismo. Es fundamental que la persona que está de duelo se sienta apoyada por todos sus seres cercanos y no por una única persona que quizás no tenga la fuerza psicológica para soportar el enfrentamiento a medio y largo plazo.

Menciona al difunto sin sentirte incómodo

Nos equivocamos al pensar que es preferible no hablar del difunto cuando la persona de luto está presente, que mencionarlo le causará una tristeza mayor, y nos afanamos por evitar cualquier conversación en este sentido. Aunque esta actitud es normal y comprensible, lo cierto es que no es nada beneficiosa. Recuerda que todos los pensamientos de tu ser cercano están dirigidos hacia la causa de su dolor; por lo tanto, muy probablemente, esté sintiendo la necesidad de hablar del difunto, en particular si tú lo conocías bien. De hecho, esta forma de actuar resulta ser liberadora muy a menudo, ya que le ayuda a no esconder la realidad o a no negarla, sino a enfrentarla y, de esta manera, a tomar el control poco a poco sobre la ausencia del ser querido. Por lo tanto, evita dejar cosas por decir y aborda el tema desde la naturalidad. De todas formas, si realmente no desea hablar de ello, te lo comunicará.

Aprende a identificar las distintas emociones que genera el duelo

Toma conciencia de las distintas etapas que atraviesa una persona en duelo, ya que estar presente, escuchar y respetar su sufrimiento implican necesariamente intentar comprender las emociones que está experimentando. Así, no te extrañes si ves que se enfada de repente y que acusa al mundo entero del fallecimiento de su ser cercano. Durante la fase de depresión, es normal que la persona en duelo se aísle y rehúya a ciertas personas. Por ejemplo, puede suceder que un padre que ha perdido a un hijo huya de las parejas con hijos, ya que teme que se le haga insoportable esta imagen de felicidad que para él ya forma parte del pasado. Se pueden manifestar sentimientos como la ira, la tristeza y la incomodidad, y tu papel es concentrarte en esas diferentes emociones, recibirlas sin criticarlas y, eventualmente, ponerlas en entredicho junto con la persona angustiada.

> «Estaba embarazada de mi primer hijo y tanto mi marido como yo estábamos muy emocionados. Desgraciadamente, sufrí un aborto. Estaba destrozada y me costaba mucho aceptar los comentarios de mi entorno, que me decía que no tenía que ponerme de esa forma, ya que, en esa fase, todavía era solo un feto, que tendría otro, etc. Por supuesto, yo era consciente de que esto tenía que resultar más duro para los padres que pierden a un hijo que tiene unos diez años, pero sentía un dolor inmenso. Una de mis amigas dio a luz unas semanas después de mi aborto y fui incapaz de ir a felicitarla al hospital. Fue muy comprensiva y nunca me lo tuvo en cuenta. Después, di a luz a mi primer hijo y pude superar mi pena, a pesar de que a veces aun pienso en ese pequeño ser que solo quería nacer» (Valentine, 32 años).

No compares tus experiencias de duelo

Aunque no debes ignorar las semejanzas a la

hora de encajar la pérdida de un ser querido, lo cierto es que no conviene que compares las experiencias de duelo, ya que cada uno vive ese periodo doloroso de forma diferente. No repruebes a un ser cercano porque parece más afectado por la pérdida de su abuelo que lo que tú estuviste cuando perdiste a tu madre. Más allá de los lazos de sangre que unen a los individuos, lo que cuenta son los vínculos del corazón, la naturaleza de la relación e, incluso, el grado de sensibilidad de cada uno cuando llega el momento de enfrentarse a la pérdida de un ser querido. Así, aunque no debes dudar en compartir tu propia experiencia de duelo para mostrar a tu ser cercano que no está solo en esta guerra, abstente de establecer comparaciones y no lances afirmaciones que podrían complicar su trabajo del duelo, aunque estas te parezcan insignificantes.

Evita las trivialidades y los tópicos

Es completamente humano y normal verse desamparado frente al dolor un ser cercano y caer en la tentación de basarse en frases hechas y trivialidades. ¡Aguántate las ganas! Es cierto que durante el funeral es normal pronunciar la frase de circunstancias «Mi más sentido pésame», pero es mejor evitar algunos tópicos como «85 años es una buena edad para morir, ha vivido mucho» o «No estés triste, te está mirando desde allí arriba y te protege». Aunque a algunas personas les reconfortará, otras albergarán hacia ti un cierto resentimiento por esa falta de tacto y de empatía. El dolor no es menos intenso porque tu madre tuviera 85 años cuando murió... Así, en vez de enredarte en trivialidades que te harán más mal que bien, reflexiona acerca de este famoso proverbio sufí: «Si lo que vas a decir no es más bello que el silencio, no lo digas» (Chico Guerrero 2011, 260). Piensa antes de hablar y limítate a estar presente y a escuchar si no encuentras las palabras para reconfortar a tu persona allegada.

ACOMPAÑAR A UN NIÑO DURANTE SU TRABAJO DEL DUELO

Un duelo es doloroso a cualquier edad, aunque nuestra manera de abordar este trance varía en función de nuestra madurez psicológica y afectiva. Los niños, que también pueden sufrir la pérdida de un ser cercano, no reaccionan de la misma forma que los adultos, sencillamente porque no siempre entienden exactamente el concepto de la muerte. Cuando el niño es pequeño, no se da cuenta de que acaba de perder a un ser querido; no obstante, se comporta como una auténtica esponja y absorbe todas las emociones que siente su entorno, un fenómeno que puede provocar angustias. Cuando crece un poco, hacia los 4 años más o menos, empieza a ser consciente del concepto de la muerte, pero todavía no es evidente esa irreversibilidad. Por consiguiente, no va a expresar su tristeza, ya que tiene la sensación de que esta situación solo es temporal y que el difunto volverá pronto. Después de los 6 años, el niño es plenamente consciente de la muerte, y del sufrimiento y del desasosiego que conlleva, y en algunos casos puede experimentar un sentimiento de culpabilidad por no haber podido hacer algo para impedir esta muerte dolorosa. Cuando un adolescente se ve confrontado a la pérdida de un ser querido, puede sentir emociones particularmente violentas, ya que este periodo ya supone una desregulación hormonal importante que influye en su humor y en su visión del mundo.

Para ayudarlo, es importante:

- arroparlo y tranquilizarlo;
- no alejarlo de su entorno familiar o afectivo;
- dejar que haga todas las preguntas que quiera y responderle claramente, sin disfrazar la realidad;
- dejar que forme parte del ritual del funeral, siempre y cuando no sea demasiado pequeño para participar;
- ofrecerle la posibilidad de mantener viva la memoria del difunto con visitas al cementerio, si quiere, o con actividades de homenaje.

Si crees que no tienes la capacidad para explicar o acompañar a tu hijo en esta etapa, no dudes en acudir a una biblioteca o a una librería; existen muchos libros para niños que explican con palabras sencillas y adaptadas a su edad qué implica la noción de muerte.

¿CÓMO ME REHAGO TRAS HABER HECHO MI DUELO?

¿Consideras que has salido de ese periodo de duelo y que por fin has aceptado la desaparición del ser querido? ¿Te sientes preparado para iniciar nuevos proyectos vitales? Es hora de reconstruir tu vida social y de volver a abrirte al mundo para no caer de nuevo en una fase de depresión.

- **Cuídate**: regálate una escapada al aire libre, haz ejercicio, come sano y equilibrado, duerme las horas suficientes.
- **Vuelve a implicarte en tu vida social**: conoce a gente nueva, sal a tomar algo con tus amigos, organiza un viaje a una ciudad con ellos, recupera el contacto con un amigo que has perdido de vista.
- **Haz proyectos de futuro**: planifica un viaje, ábrete a tener una nueva pareja, etc.

Obviamente, volver a disfrutar de la vida no significa que olvides a la persona fallecida. Pensarás en ella de vez en cuando, la mencionarás con ternura y con amor, pero, sobre todo, serás consciente de que nada debe impedirte que sigas con tu existencia, ya que la vida es un regalo. De hecho, con mucha frecuencia, la percepción de la vida cambia en las personas que han vivido este tipo de traumas. Relativizan mejor los acontecimientos vitales tomando sus distancias y aprovechan al máximo el presente.

Debemos considerar que es una bendición ser conscientes de este hecho, ya que nos puede ayudar a desarrollar una filosofía de vida más serena, menos egoísta y más enfocada a los seres que nos rodean. Muy a menudo, el estrés de la vida moderna nos impide disfrutar diariamente de diez minutos de éxtasis. A partir de hoy, tomémonos nuestro tiempo para contemplar la belleza del mundo y disfrutemos de los seres que, por naturaleza, son efímeros.

PREGUNTAS FRECUENTES

¿ES NECESARIO QUE TRABAJEMOS SOBRE NUESTRO DUELO?

Sí, es necesario trabajar sobre nuestro duelo, ya que esto ayuda a que liberemos el sufrimiento y el estado de postración en el que podemos encontrarnos tras una defunción. La pérdida de un ser querido conlleva una auténtica ruptura con el mundo que nos rodea; por lo tanto, si realizamos el trabajo del duelo respetando nuestra tristeza y sin precipitarnos, podremos volver a conectar con la vida.

¿CUÁNTO DURA UN DUELO?

Es difícil contestar a esta pregunta, ya que la duración de un duelo varía de una persona a otra, pero también depende de muchos factores muy diversos, como la intensidad de la relación que nos unía al difunto, la violencia de su muerte, etc. Cada uno debe seguir su ritmo. No se puede reducir el trabajo del duelo: no aceleres ni te saltes etapas. Consideraremos que el duelo termina cuando la herida cicatriza, cuando el sufrimiento ya es soportable: esta es la señal de que por fin se ha aceptado la realidad. Sin embargo, el final del duelo no significa que se aparte definitivamente toda pena relacionada con la pérdida de una persona. Aunque, de vez en cuando, sientas pesar, será poco a poco un dolor menos punzante.

¿ES NORMAL ESTAR SIEMPRE LLORANDO?

Llorar es una manera completamente normal de exteriorizar nuestro sufrimiento. Las lágrimas liberan endorfinas y pueden ayudar a que eliminemos nuestras angustias. Por lo tanto, no es aconsejable que las reprimamos. Con el tiempo, es inevitable que se vayan volviendo menos frecuentes. Por otra parte, el que una persona no llore no quiere decir que no esté sintiendo ninguna tristeza.

¿EL DOLOR DESAPARECE ANTES SI LO IGNORO?

No sirve de nada rehuir la realidad ignorándola, ya que la negación nunca ha resuelto nada. Es completamente falso pensar que, al ocultar la fuente de tu sufrimiento, te vayas a sentir mejor. Reconoce tu tristeza y acepta todas las emociones que experimentas, de la ira al desasosiego, aunque tengas la sensación de perder el control. Si reprimes tus sentimientos e ignoras tu pena, esta saldrá tarde o temprano a flote.

VUELVO A SONREÍR Y TENGO NUEVOS PROYECTOS. ¿TENGO QUE SENTIRME CULPABLE?

¡Por supuesto que no! Ese es el objetivo del trabajo del duelo. Si sonríes de nuevo, significa que has aceptado la realidad, que tomas las riendas de tu vida otra vez y que vuelves a ser capaz de apreciar los pequeños placeres de tu día a día. Esto no quiere decir que hayas olvidado a tu ser cercano o que hayas pasado página; simplemente le has dado un lugar que ya no te impide seguir viviendo.

¡Tu opinión nos interesa!
¡Deja un comentario en la página web de tu librería en línea,
y comparte tus favoritos en las redes sociales!

PARA IR MÁS ALLÁ

FUENTES BIBLIOGRÁFICAS

- Bolleau, Agnès. 2012. "Vivre un deuil". *Doctissimo*. 17 de febrero. Consultado el 19 de octubre de 2017. http://www.doctissimo.fr/html/psychologie/bien_dans_sa_peau/ps_3188_deuil_article2.htm
- Fauré, Christophe. 2012. *Vivre le deuil au jour le jour*. París: Albin Michel.
- Fourny, Marc. 2015. "Prince William: après la mort de Diana, 'maman est devenu un simple mot'". *Le Point*. 18 de octubre. Consultado el 19 de octubre de 2017. http://www.lepoint.fr/monde/prince-william-apres-la-mort-de-diana-maman-est-devenu-un-simple-mot-18-10-2015-1974645_24.php
- Kübler-Ross, Elisabeth y David Kessler. 2009. *Sur le chagrin et le deuil*. París: Éditions Lattès.
- Levert, Isabelle. s.f. "L'epreuve du deuil". *La psychologie*. Consultado el 19 de octubre de 2017. http://www.la-psychologie.com/deuil.htm
- Lorenzo, Sandra. 2015. "Pourquoi je pleure? Une question difficile sur laquelle la science n'a pas encore complètement tranché". *Huffington Post*. 17 de noviembre. Consultado el 19 de octubre de 2017. http://www.huffingtonpost.fr/2015/11/17/

pourquoi-je-pleure-question-difficile_n_8580534.html

- Mazelin-Salvi, Flavia. s.f. "Vivre un deuil". *Psychologies*. Consultado el 19 de octubre de 2017. http://www.psychologies.com/Moi/Epreuves/Deuil/Articles-et-Dossiers/Accepter-le-temps-du-deuil
- Senk, Pascal. 2011. "Deuil: un processus naturel de cicatrisation naturelle psychique". *Santé Le Figaro*. 3 de noviembre. Consultado el 19 de octubre de 2017. http://sante.lefigaro.fr/actualite/2011/11/03/15297-deuil-processus-naturel-cicatrisation-psychique
- Yick, Aice y Rashmi Gupta. 2002. "Chinese cultural dimensions of death, dying, and bereavement: focus group findings". *Journal of Cultural Diversity*, 32-42.

FUENTES COMPLEMENTARIAS

- Bacqué, Marie-Frédérique. 1992. *Le deuil à vivre*. París: Odile Jacob.
- Beauthéac, Marie. 2010. *Cent réponses aux questions sur le deuil et le chagrin*. París: Albin Michel.
- Charbonier, Jean-Jacques. 2015. *La mort expliquée aux enfants mais aussi aux adultes*. París: Éditions Trépaniez.
- Chico Guerrero, Francisco. 2011. *El eco de mi*

silencio. Bloomington: Palibrio.

- Fauré, Christophe. 2007. *Après le suicide d'un proche*. París: Albin Michel.
- Sauteraud, Alain. 2012. *Vivre après ta mort. Psychologie du deuil*. París: Odile Jacob.

www.50Minutos.es

ISBN ebook: 9782806299659

ISBN papel: 9782806299666

Depósito legal: D/2017/12603/393

Libro realizado por Primento*, el socio digital de los editores*

Salud y bienestar

DESCUBRE EN UN ABRIR Y CERRAR DE OJOS CÓMO APRENDER A SUPERAR UNA PÉRDIDA.

Esta guía te ofrece las claves para:

- Descubrir en qué consiste el duelo cuando perdemos a un ser querido y sus consecuencias emocionales y administrativas
- Entender la evolución del proceso de duelo en el ser humano
- Aprender a reconstruir una vida después del trabajo del duelo

www.50minutos.es

9 782806 299666